le général baron Clouet.

14634

$\mathcal{M}$

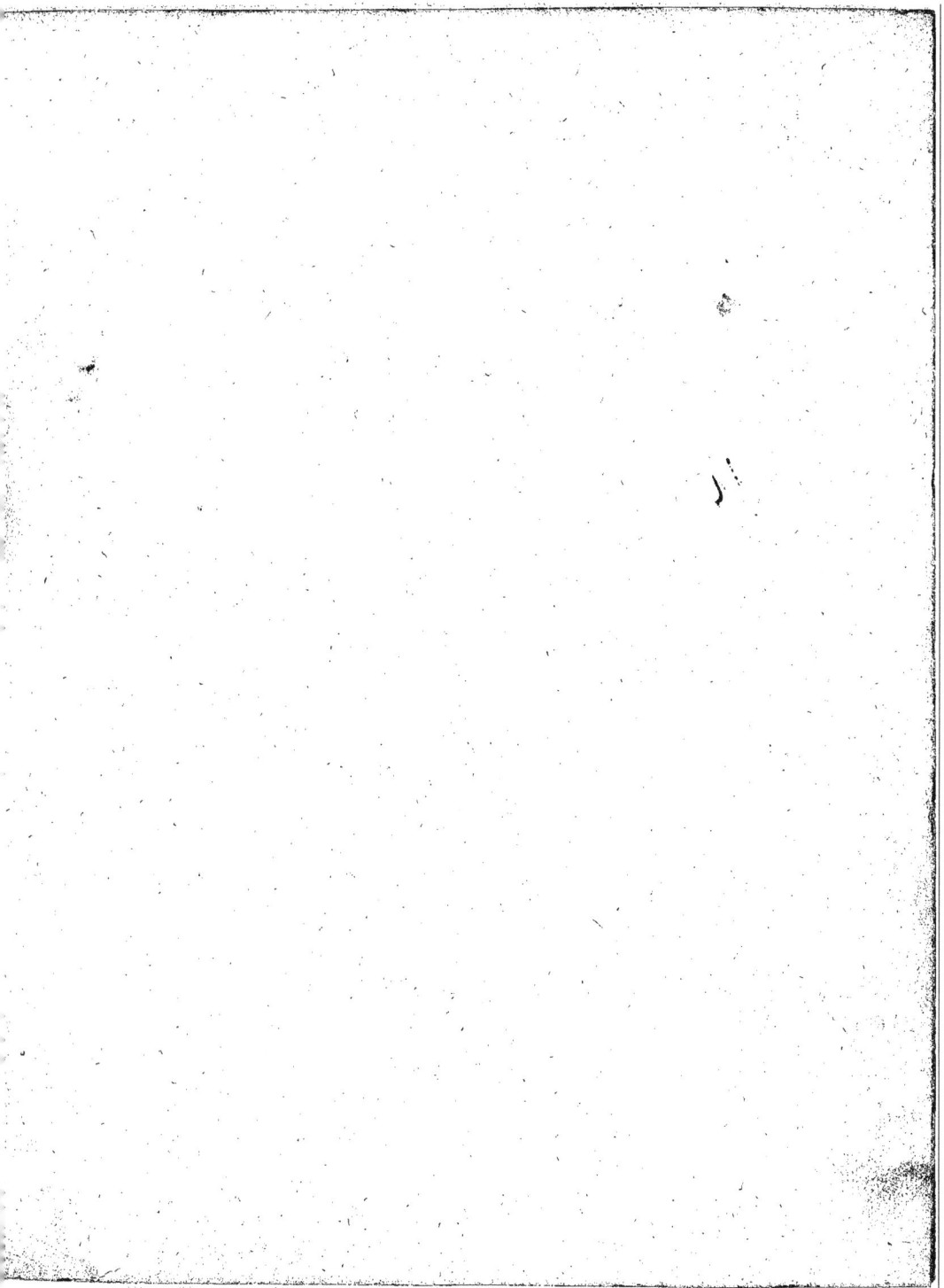

L'ACADEMIE
DE L'ADMIRABLE
ART de la LUTTE

Montrant d'une maniere très exacte non seulement la force extraordinaire de l'Homme, mais aussi les mouvemens merveilleux, l'usage singulier, & les souplesses des principales parties ou membres du corps humain.

Avec une instruction claire & familiaire, comment on peut en toutes les occasions repousser sûrement & adroitement toutes sortes d'Insultes & d'Attaques.

Représentée en soixante & onze tailles douces, qui sont très belles, & qui ont été dessinées par le Celebre & Fameux

M^R. ROMEIN DE HOOGUE.

Ouvrage non seulement des plus agréables & des plus necessaires pour toute sorte de Personnes, mais aussi très utile pour bien connoître les mouvemens & les souplesses du corps humain.

On trouvera à la fin de l'Ouvrage des Tables, qui expliquent clairement & distinctement toutes les tailles douces.

A LEIDE

Chez ISAAC SEVERINUS,
Marchand Libraire.
1712

L'ACADÉMIE

ART de la LUTTE

PREFACE.

C'eſt une choſe aſſès connuë, que l'Experience a fait paroître dans le monde divers Arts; & qu'ayant été pouſ-
ſée plus loin par un exercice continuel elle a produit
quantité de Sciences. Et certainement les Arts doivent
ſe perfectionner par la pratique : car ce n'eſt pas aſſès
d'avoir compris quelque choſe par ſon eſprit ſubtil & penetrant,
mais celui-là ſeul peut paſſer pour maître en ceci qui s'y eſt bien
exercé. En ſuite de quoi doit venir l'inſtruction pour rendre l'Art
commun entre les hommes , ou autrement il devroit mourir avec
celui qui l'avoit inventé. De ſorte que pour l'accroiſſement & la
perfection des Arts & des Sciences il faut du temps, de la diligen-
ce, de l'exercice, de l'inſtruction, & un eſprit penetrant, afin de
les faire paroître dans leur naturel & dans tous leurs ornemens. De
cette maniere l'intelligence de l'homme peut donner bien de l'ad-
miration & de la ſatisfaction. *Apellès* ayant employé utilement le
coloris & le pinceau imitera ſi noblement la Nature par ſon eſprit
penetrant & appliqué , que la Nature elle-même ſemblera avoir
emprunté la figure d'*Apellès* dans la production de ſes propres ou-
vrages. Le ciſeau ne pourra ſervir à un autre Ouvrier que pour
donner exterieurement à la pierre la forme de la Nature , que la
Nature ne prendroit point à honte, ſi elle l'avoit produit elle-même. Il eſt bien vrai que la Nature comme un Pedagogue inſtruit
par toute ſorte d'objets; mais enſuite l'Art y vient repreſenter les
qualitez les plus parfaites; juſque là qu'on doit attribuer quelquefois à l'Art un ſi grand privilege , que bien-que la Nature tâche
toûjours d'atteindre à ce qui eſt le plus parfait, la veritable perfection ſe trouve principalement dans le ſujet de l'Art. Je n'ai pas
deſſein de faire honte à la Nature, mais uniquement de mettre devant les yeux le propre de l'Art, & par-là de la faire eſtimer. Les
forces de la Nature dans l'homme ne ſont pas toutes égales , &
quoique cela fut ainſi, cependant elles ne s'uniroient point ſi bien
entre elles , que la vîteſſe ou l'adreſſe ne fit triompher l'un des
deux , d'autant plus que cette adreſſe eſt fondée ſur une connoiſ-
ſance certaine. Pluſieurs ont fait tous leurs efforts pour ſe defendre
de la maniere la plus ſûre contre toutes les attaques & les inſultes

                                                                des

PREFACE.

des mechans garnemens. Dans cette vûe ce celebre Auteur, dont on n'a jamais vû son pareil dans le monde, a appliqué son esprit pour trouver de bons tours d'adresse & de souplesse, par lesquels on peut se defendre contre toutes sortes d'insultes, contre les coups de Pied ou de Poing, & même contre les coups de Couteau, & detourner adroitement toutes sortes de maux. En quoi il s'étoit si bien perfectionné par un exercice continuel, que sur les instantes prieres de plusieurs Curieux, & pour être utile au public, il resolut enfin d'employer ses soins à proposer de la maniere la plus claire cet admirable Art & à en faire part au Public. Pour executer son dessein le mieux qu'il lui seroit possible, il a eu soin de rechercher un bon Ouvrier, & pour cela il s'est servi de la main du celebre *Romein de Hoogue*, qui a sçû plaire aux Rois & aux Princes mêmes par ses decouvertes & par ses entreprises aussi bien que les plus habiles Maîtres; de sorte que cet Ouvrage inventé & executé par un Ouvrier aussi illustre est parfait en toutes ses parties. Or pour faire comprendre clairement toutes ces choses il a ajoûté ici une claire & necessaire description & explication de toutes les belles Tailles douces dans les Tables suivantes, afin qu'un chacun pût de lui-même par la pratique apprendre cet Art utile & avantageux, & y devenir maître, que personne ne devroit ignorer pour mettre à couvert son Corps & sa Vie. A quoi aidera aussi l'arrangement convenable de toutes les parties; & on fait voir par la suite exacte des tailles douces ce qui est necessaire & utile par rapport à chacune en particulier. Et afin que personne ne puisse se tromper dans les Lutteurs qui y sont representez, on les trouvera distinguez & marquez par les lettres A & B, B & C, & ainsi des autres; & d'autant que le changement donne du plaisir, l'A est quelquefois le vainqueur, & quelquefois le B. Les differens habillemens, avec lesquels nos Lutteurs sont representez dans ces Tailles douces, les distinguent suffisamment; d'autant que l'on void dans chaque partie des ajustemens differens, par-où les gens de bon goût ne pourront point se tromper. Servez donc de cet Art quand il en sera besoin pour vôtre avantage. Adieu, & prenez du plaisir.

EXPLI-

EXPLICATION des FIGURES.

PREMIERE PARTIE.

De la maniere de se porter des Coups contre la Poïtrine.

Pag. 1. No. 1. Lorsque A veut donner un coup a B sur la poitrine, B peut en se retirant un peu a l'écart faire manquer son coup à A, par où A étant obligé de pencher la tête apres le coup manqué, il donne le temps à B de saisir A par derriere vers la nucque, par ou B poussant ainsi A en bas, il faut que A tombe la tête la premiere.

Pag. 2. No. 2. AUTRE MANIERE. A donne un coup à B sur la poitrine, & B n'a pas plûtôt reçu le coup qu'il tourne sa jambe droite ou gauche, selon que le coup vient, autour de la jambe droite ou gauche d'A, & presse en bas avec sa main gauche le bras droit d'A, & B prenant A par derriere vers les fesses par-dessus la culotte, A doit necessairement tomber par-dessus la jambe de B, qui s'avance en dehors.

Pag. 3. No. 3. AUTRE MANIERE. A porte un coup à B sur la poitrine, B voyant cela empoigne avec sa main gauche le bras droit d'A par dessous l'aisselle, & prend avec sa main droite d'A, mettant tout d'un temps fort agilement sa jambe gauche contre la jambe droite d'A, & l'oblige ainsi de tomber à la renverse.

Pag. 4. No. 4. AUTRE MANIERE. A donne un coup à B sur la poitrine, B prend avec une extreme force A vers le poignet, & il tâche de lui tordre le bras.

Pag. 5. No. 5. MANIERE POUR PARER CE COUP. Afin qu'A puisse parer ce coup, il passe par-dessous le bras de B, & tâche ainsi de se débarrasser.

Pag. 6. No. 6. MANIERE DE SOUTENIR CE COUP. A ayant ainsi passé par-dessous le bras de B, B prend tout d'un coup avec ses deux mains la main d'A, dont il avoit pris auparavant le poignet avec sa main gauche, & les met par-dessus le dos d'A, par-où B trouve le temps de rompre fort à propos la main d'A.

Pag. 7. No. 7. MANIERE DONT A DETOURNE CE COUP. A tourne le dos & met sa jambe droite contre la jambe droite de B, lorsque se laissant aller à la renverse, ils sont contraints de tomber tous deux, & par là A trouve moyen de se débarrasser.

Pag. 8. No. 8. MANIERE DONT ILS SONT COUCHEZ PAR TERRE. Ils sont ainsi tous deux couchez par terre, A ayant mis sa jambe autour de la jambe de B.

Pag. 9. No. 9. AVANTAGE QU'A CELUI QUI SE RELEVE LE PREMIER. Celui donc qui est le prémier levé a cet avantage sur l'autre, qu'il peut mettre sa main gauche par derriere sur le collet de l'autre, & le prendre avec sa main droite par derriere la culotte, & l'ayant ainsi pris il le contraint de passer devant lui.

Pag. 10. No. 10. Lorsque B fait ce que l'on vient de voir dans la planche précedente, A trouve ce moyen de parer le coup: Il met sa main droite derriere lui, & prend le poignet droit de la main de B, setournant dans le même temps sous le bras de B.

Pag. 11. No. 11. A s'étant ainsi tourné par-dessous le bras de B, pousse en bas le bras de B, & met son pied gauche par derriere sur le jarret de B, le poussant avec sa tête par-derriere, de sorte qu'il tombe sur son dos, ainsi qu'on le voit dans la planche suivante.

Pag. 12. No. 12. B étant ainsi renversé par terre, & A étant couché sur le corps de B, il le saisit au gosier avec sa main gauche, & lui tient son bras droit serré sur la poitrine. Outre cela A tient avec sa main droite la main gauche de B contre terre, & il entrelasse ses jambes dans les siennes, par-où il empêche que B se puisse relever, & A étant ainsi couché sur B il peut facilement lui-donner sur le visage avec le côté de sa tête tout autant de coups qu'il veut.

SECONDE PARTIE.

De la maniere de se porter des coups contre la poitrine.

Pag. 13. No. 1. Comme nous avons vû au commencement de la prémiere Partie qu'A donne à B un coup sur la poitrine avec le poing, de même dans cette seconde Partie B donne à C un coup sur la poitrine avec les deux mains, & met tout d'un temps son pied gauche par-dessus le pied droit de C, & ensuite C saisit incontinent B par-dessous les bras ou les mauches proche des aisselles.

Pag. 14. No. 2. C ayant ainsi saisi B, il met son pied gauche sur le milieu du corps de B.

Pag. 15. No. 3. C ayant ainsi mis son pied gauche, il se laisse aller à la renverse, par où B, que C tient déja fortement par-dessous les manches & sur le milieu du corps duquel C a mis son pied, est contraint de tomber sur C.

Pag. 16. No. 4. Mais si B s'apperçoit se tour de C, sentant que C veut se laisser tomber, B lâche par dehors les bras de C qu'il tenoit ferme, & prend le pied de C, qu'il avoit mis sur le milieu du corps de B, & ensuite il tient sa main droite près des orteils & sa main gauche proche du talon de C, & tord le pied de C avec tant de violence qu'il semble vouloir la tordre en pieces, ce qui peut causer à C une extreme douleur & lui ôter beaucoup de sa force.

Pag. 17. No. 5. Mais l'on peut voir clairement ici comment C est en état de parer ce coup, lorsque B tord le pied de C de la maniere que nous venons de voir. C pour empêcher que B ne lui torde le pied frappe de sa jambe droite sur le bras gauche de B avec tant de force, que la main gauche de B en est relâchée; mais B se jettant sur C trouve encore moyen de se débarrasser, prenant C au gosier, & forçant cette jambe gauche de C, dont il avoit si fort tordu le pied, & saisissant par dedans avec sa main gauche le bras droit de C, de sorte que C est sans aucune force.

Pag. 18. No. 6. C peut pourtant encore parer ce coup de cette maniere: il est repoussé avec sa jambe droite le pied gauche de B, & il tourne en dehors sa main droite contre le pouce de B, tellement que B est contraint de tomber. B tombant, C le prend par derriere aux cheveux & le secoüe ainsi contre terre.

A

B

A

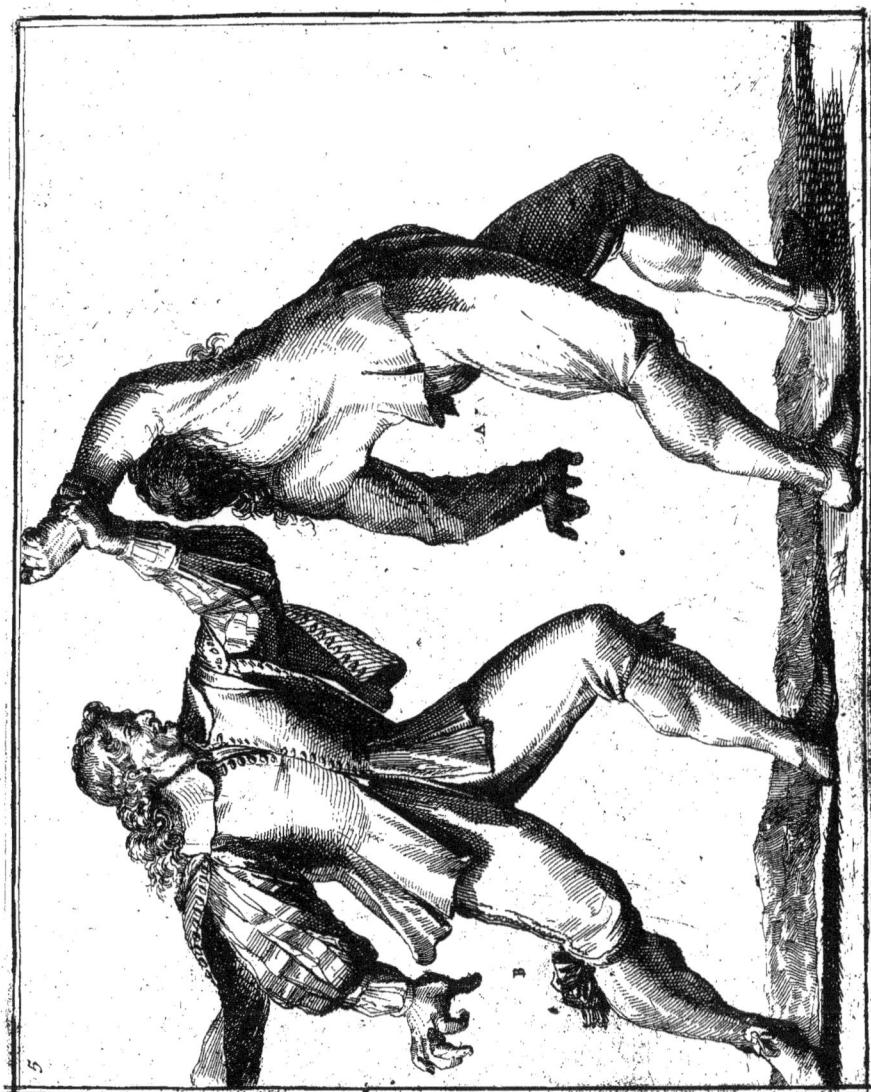

B

C

B

TROISIEME PARTIE.

Où il est traité de la maniere de se prendre par le milieu du corps.

Après avoir parlé de la maniere de se donner des coups contre la poitrine, nous avons à faire voir dans cette troisieme Partie la maniere *de se prendre par le milieu du corps.*

Pag. 19. No. 1. C prend avec les deux mains D au milieu du corps. D étant ainsi pris par C, il met sa main gauche par-derriere le bras de C, & mettant sa main droite contre le visage de C avec son pouce sous le nez du même, il pousse la tête de C à la renversé, & met la jambe droite autour de la jambe gauche de C.

Pag. 20. No. 2. C peut detourner ce coup de la maniere suivante : il met sa main gauche par dedans le bras de D, & la tournant de telle sorte qu'elle se trouve libre, il peut encore mettre à couvert son visage, pendant que D démeure à tenir ferme le bras droit de C.

Pag. 21. No. 3. D tenant ainsi ferme le bras de C, il debarasse sa main droite en la tordant, & se tournant par-derriere le bras droit de C il l'oblige de cette maniere à s'avancer, & tenant son coude force contre l'endroit foible ou mol du dos de C, il affoiblit par ce moyen la force du bras de C.

Pag. 22. No. 4. Le bras de C se demeure ainsi farcé qu'autant de temps qu'il lui en faut pour se tourner un peu, & mettant son bras droit sur la main gauche de D, il les force fortement contre le corps, & ensuite il tourne encore un peut tout son corps, par-où il peut arriver que la main de D se rompent.

Pag. 23. No. 5. Il est donc necessaire que D empêche que sa main gauche ne soit rompué, laquelle étant tordüe avec tant de force, il prend avec sa main droite le poigner droit de C, se servant pour cela de sa main gauche, qui dans ce moment se trouve debarassée, & il se tourne, tenant fortement avec ses deux mains la main de C. Pendant que D se tourne, C met le bras droit de D sur son épaule gauche & le pousse en bas de toute sa force; ce qui doit d'abord causer une extreme douleur à C, & fournit à D une occasion fort propre pour rompre le bras de C.

Pag. 24. No. 6. Mais cette occasion est ôtée à D dans le temps que C met sa main gauche sur le bras gauche de D & qu'il pose son genoüil droit derriere les reins de D, de sorte qu'il est bientôt contraint de lâcher le bras de C.

Pag. 25. No. 7. Cependant D ne perd point pour cela courage, mais il reprend avec sa main droite ce bras droit de C, qu'il avoit été contraint de lâcher, & se tournant il tord avec ses deux mains la main ou le bras de C, qu'il tire à soi avec sa main droite, & mettant sa main gauche sur les épaules de C, il le pousse la tête prémiere & l'oblige de tomber.

QUATRIEME PARTIE.

Maniere de se prendre aux cheveux.

Pag. 26. No. 1. Dans cette Partie nous verrons seulement de quelle maniere on commence à se prendre aux cheveux ; de sorte que D prenant entre ses doigts les cheveux de E, & les entortillant autour de ces mêmes doigts, il souffre ses mains entre les bras de E.

Pag. 27. No. 2. Ensuite D tire E par les cheveux à la renversé, & le faisant tourner il met son coude sur l'épine du dos de E, par-où il a moyen de frapper par derriere avec son autre main sur le visage de E.

Pag. 28. No. 3. Dans le temps que D tient encore E par les cheveux, E pour se debarasser se tourne promptement d'une telle maniere que D & E se trouvant dos à dos ; mais dans ce moment D met ses fesses contre les fesses de E, & le tire ainsi avec tant de force, qu'il doit necessairement tomber par-dessus la tête de D.

Pag. 29. No. 4. E étant ainsi tombé par-dessus la tête de D, il ne demeure point couché par terre, mais il se leve & saisit D par-derriere la manche ou le bras, & prenant avec sa main droite le poignet droit de D, il force en dedans le bras de D qu'il tient, & mettant son pied gauche sur le jarret droit de D, il le contraint ainsi de tomber, quoique la jambe empêche qu'il ne répetionne point tombé.

CINQUIEME PARTIE.

Où l'on void répresentées des manieres de s'empoigner, par lesquelles l'un & l'autre des lutteurs peuvent donner des preuves de leur force.

Pag. 30. No. 1. E empoigne F sous les bras, & F empoigne E entre les bras. Dans cette maniere de s'empoigner E semble avoir le plus d'avantage.

Pag. 31. No. 2. Mais F fait facher avec son bras droit le bras gauche de E en dedans, lequel étant fâché, il debarasse aussi son bras gauche & le porte sur le devant de son corps, serrant avec son bras gauche la main droite de E, ensuite il se tourne un peu, & par ce tournement la main de E étant serrée, F a le moyen de rompre la main de E, craignant que E pourroit bien lui donner un coup avec sa jambe.

Pag. 32. No. 3. C'est pour cela que F lâche son bras & tourne tout son corps, par-où il a si bien fait que E ne peut pas éviter de recevoir de F un coup sur la nuque, quoique E prenne avec sa main droite F par-derriere la culotte.

Pag. 33. No. 4. E fais le point d'onnieur de cela il se courbe pour éviter le coup de F, & F portant aussi un coup de toute sa force vers la nuque de E, & ne pouvant y atteindre à cause de l'inclination de E, il tombe lui-même par son propre poids.

Pag. 34. No. 5. F tombant ainsi à la renverse il s'appuye sur sa main droite, dont il avoit voulu frapper E, & en s'appuyant il met promptement son genoüil gauche contre les fesses de E, & prenant avec sa main gauche le pied gauche de E, il le jette à la renverse avec son genoüil.

B

D

C

D

C

D

C

D   E

E

D

F

E

SIXIEME PARTIE.

Deux manieres de se prendre à la poitrine.

Pag. 35. No. 1. F prend G à la poitrine, ensuite dequoi G empoigne avec sa main gauche F sous le bras au-dessus du coude.

Pag. 36. No. 2. Mais F ayant ainsi pris G, G met sa main droite sur la main droite de F, & tord cette main jusques à ce que F lui lâche la poitrine, alors G ayant sa poitrine libre, il tourne avec sa main droite tout le bras droit de F, & avançant sa main gauche derriere le bras droit de F, il le fait tomber la tête la premiere.

SEPTIEME PARTIE.

Autres manieres de se prendre à la poitrine.

Dans cette Partie nous ferons voir que les manieres de se prendre à la poitrine sont toutes differentes des deux, que nous venons de rapporter ; c'est pourquoi nous avons trouvé bon de separer cette Partie de la precedente, car dans la premiere l'un des batteurs fait lâcher sa poitrine en prenant lui-même la poitrine de son antagoniste, & dans cette Partie cela se fait de la maniere suivante.

Pag. 37. No. 1. H prend G à la poitrine avec sa main droite, G fait lâcher avec sa main gauche le bras droit de H par dessus, & il doit prendre par derriere avec sa main droite la manche de ce bras lâché, & de cette maniere il éloigne de sa poitrine la main de H.

Pag. 38. No. 2. H fourre sa main gauche entre le bras de G qui l'a lâché, & il se tourne un peu, de sorte qu'il se trouve en partie derriere G. H s'étant ainsi mis dans une posture ferme il peut contraindre G à tomber la tête premiere ou autrement comme il voudra.

Pag. 39. No. 3. G s'appercevant qu'il pourroit bien tomber la tête premiere, il repousse avec sa jambe droite la jambe gauche de H, par-où la main gauche de H, qu'il avoit fourrée entre le bras de G, perd toute sa force, & elle est même prise & lt fixe entre le bras droit de G, de sorte que H étant ainsi forcé, sa main, que G lui tient fixée, court en même temps grand risque d'être rompuë par G,

Pag. 40. No. 4. Pour éviter ce peril eminent, G donne à H un si grand coup avec sa jambe, que H prend sur le champ G par-dehors les bras, avec sa main droite au-dessus du bras droit de G, & avec sa main gauche au-dessous du coude de G, de sorte qu'il contraint G à se renverser, & par-là la jambe de G, avec laquelle il auroit pû repousser H, devient sans nulle force.

HUITIEME PARTIE.

Manieres de se battre à coups de poing.

Pag. 41. No. 1. H & I sont tous deux en posture de se battre à coups de poing, & étant dans cette posture l'un pourroit donner à l'autre un coup avec la jambe, de sorte que celui qui recevroit le coup de jambe seroit contraint de tomber, quoique cela ne soit point représenté dans cette planche.

Pag. 42. No. 2. H porte un coup à I, mais I voyant cela se courbe, par-où H se renverse, & dans le temps que H se renverse, I en se courbant prend avec sa main droite le pied droit de H pour le faire tomber.

Pag. 43. No. 3. H sentant qu'il tombe, frappe avec son genouil droit sur les fesses de I, par-où I est contraint de tomber aussi bien que H. Dans le temps qu'ils tombent, H a dessein de prendre avec sa main droite la jambe gauche de I, mais il ne peut y atteindre.

Pag. 44. No. 4. H & I s'étant tous deux relevez, comme s'ils vouloient se frapper par-dessus les bras, H frappe le premier I avec son bras droit, que I empoigne d'abord avec sa main droite par-derriere l'épaule, & prend avec sa main gauche la jambe droite de H, & l'oblige ainsi à tomber. On peut voir dans la planche suivante que I fait tomber H d'une autre maniere qu'il c'est représenté ici.

Pag. 45. No. 5. I fait tomber H, & lui tient fortement le bras droit, qu'il lui avoit d'abord saisi, & le tourne un peu, ensuite il empoigne avec sa main gauche l'épaule gauche de H, & lui mettant le genouil gauche dans les reins il le fait comber en arriere, par-où il est plus sûr que H tombe par terre.

Pag. 46. No. 6. Mais pour éviter de tomber, lorsque I a mis son genouil gauche dans les reins de H, (comme il est représenté dans la Planche precedente) H doit en tournant les épaules faire tous ses efforts pour se débarrasser, afin qu'étant débarrassé il puisse empoigner l'une ou l'autre main de I, & que trouvant moyen de l'empoigner il la tienne fortement & la tourne (c'est ici la main gauche) par derriere vers le dos de I, & qu'il mette son autre main sur le bras tourné de I, par-où H fera tomber I, ou du moins il peut le contraindre à tomber infailliblement.

C

G   H

H

G

H

I

I   H

NEUVIEME PARTIE.

Où l'on voit, lorsqu'on est à lutter, comment un des luttants peut prendre & porter son antagoniste là où il veut.

Cette manière de lutter non moins merveilleuse que charmante donne aux spectateurs un divertissement des plus agréables, lorsqu'elle est mise en usage; c'est pourquoi on doit faire une attention particulière à la représentation que nous en allons donner; car c'est ce nous représente comment l'un des luttants emporte l'autre, qui après le combat seroit fourni ... &c.

D

K.

L.

K

L

M

L

L · · · · · · · · · · M

M.

L.

21.

M

L

62

M

L

8

M

L

L

M

DOUZIEME PARTIE.

Manieres de se jetter par terre en mettant la tête contre le milieu du corps.

Pag. 63. No. 1. Quand M se trouve en posture de se battre contre N, il peut en courbant sa tête se jetter avec impetuosité sur le ventre de N & le faire tomber à la renverse, mais N s'en appercevant se tourne un peu sur le côté, par-où M manque son coup, & N trouve moyen de mettre la main gauche & sa sorte la mousse, & l'empoignant ensuite avec la main droite par-derriere la cuisse, & le poussant un peu devant lui il le fait tomber.

Pag. 64. No. 2. Si M en courbant sa tête pour se lancer contre le ventre de N, il le fait tomber sur son genoul droit, & dans le même temps il lui empoigne les jarrets avec ses deux mains, ensuite redressant sa tête il pourra aisément jetter N par-dessus son dos.

TREZIEME PARTIE.

Manieres de se prendre avec force les épaules & le col & en même temps de se donner egalement des coups de jambe.

Pag. 67. No. 1. Lorsque N & O se sont pris l'un l'autre avec les deux mains par dessus les bras vers les épaules, ils luttent à qui sera le plus fort & tâchent à se forcer les jambes ; & quand N se trouve le plus fort, il peut tourner O de côté, & profitant de cet avantage il frappe en dehors la jambe droite de O avec son pied gauche.

Pag. 68. No. 2. Mais O se doutant de cela leve sa jambe droite par elevant, de sorte que le pied gauche de N manquant son coup il doit passer par dessous, & alors O met derechef le pied qu'il a levé derriere la jambe de N, avec laquelle il precededroit de lui frappez le pied, dont il a moyen, en le débarrassant par un coup qu'il donne, de jetter N par terre.

Pag. 69. No. 3. Par ce coup adroit N est obligé de changer de posture, de lâcher ainsi sa main droite par-dessus le bras de O & de lui prendre avec cette main l'épaule gauche, & dans le même moment faisant lâcher par dessous à O la main droite, il se lance avec son bras gauche fer le col de O, & de lui poussant son genoul gauche en bas, il met sa jambe gauche derriere la jambe gauche de O, afin de le pousser ainsi à la renverse.

Pag. 70. No. 4. O sentant qu'il ne peut point demeurer debout, lâche tout à fait sa main gauche de dessus l'épaule de N, & se laissant aller avec sa main droite jusqu'au milieu du corps de N, il s'abbaisse jusqu'au genoul gauche de N, & lui prend par-dessous avec sa main gauche sa jambe droite, & la lui tenant ferme il repousse avec sa main droite son corps qui est sur lui, pour le faire ainsi tomber.

Pag. 71. No. 5. Ce dernier tour de souplesse est singulier, & fournit le moyen de renverser avec une extreme vîtesse son antagoniste tant qu'il le puisse eviter ; car O se tenant prés de N met son pied gauche, après l'avoir bien affermi, derriere la jambe gauche de N, & dans le même instant lui saisissant le genou par-dessus le bras, il le jette adroitement à la renverse.

F I N.

N

M

N

O

N

O

N O

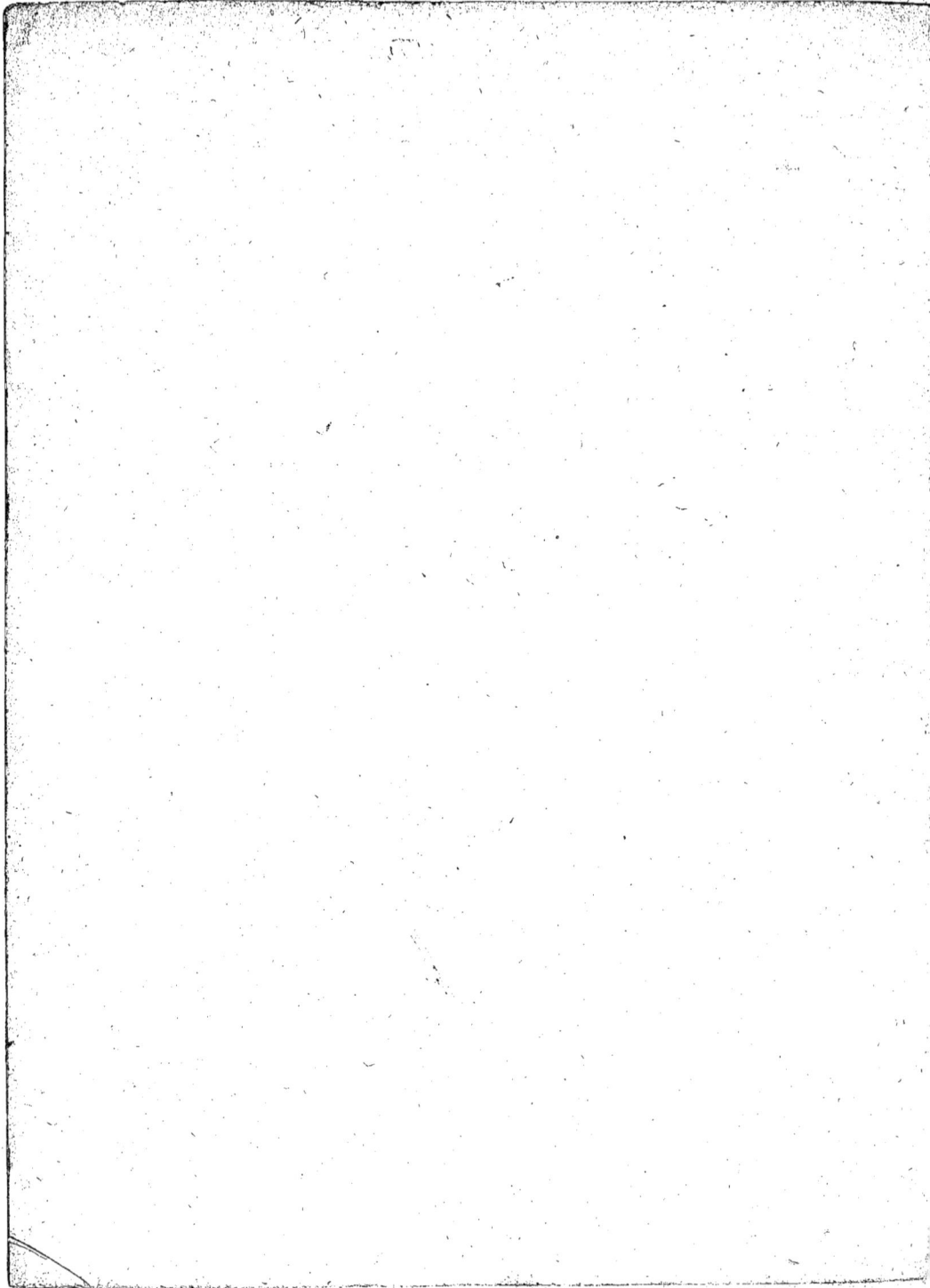

71 - fig. ily a une 1.re edition dece Livre imprimée aussi in 4.º a Amsterdam chez garçon en 1674

A Cat demi. Poter par helle et Glomy nº 607.
18. Cat demi. Poter par helle et Glomy nº 607.
20.th Nº 1341. Du Cat. demi. de Gaignat

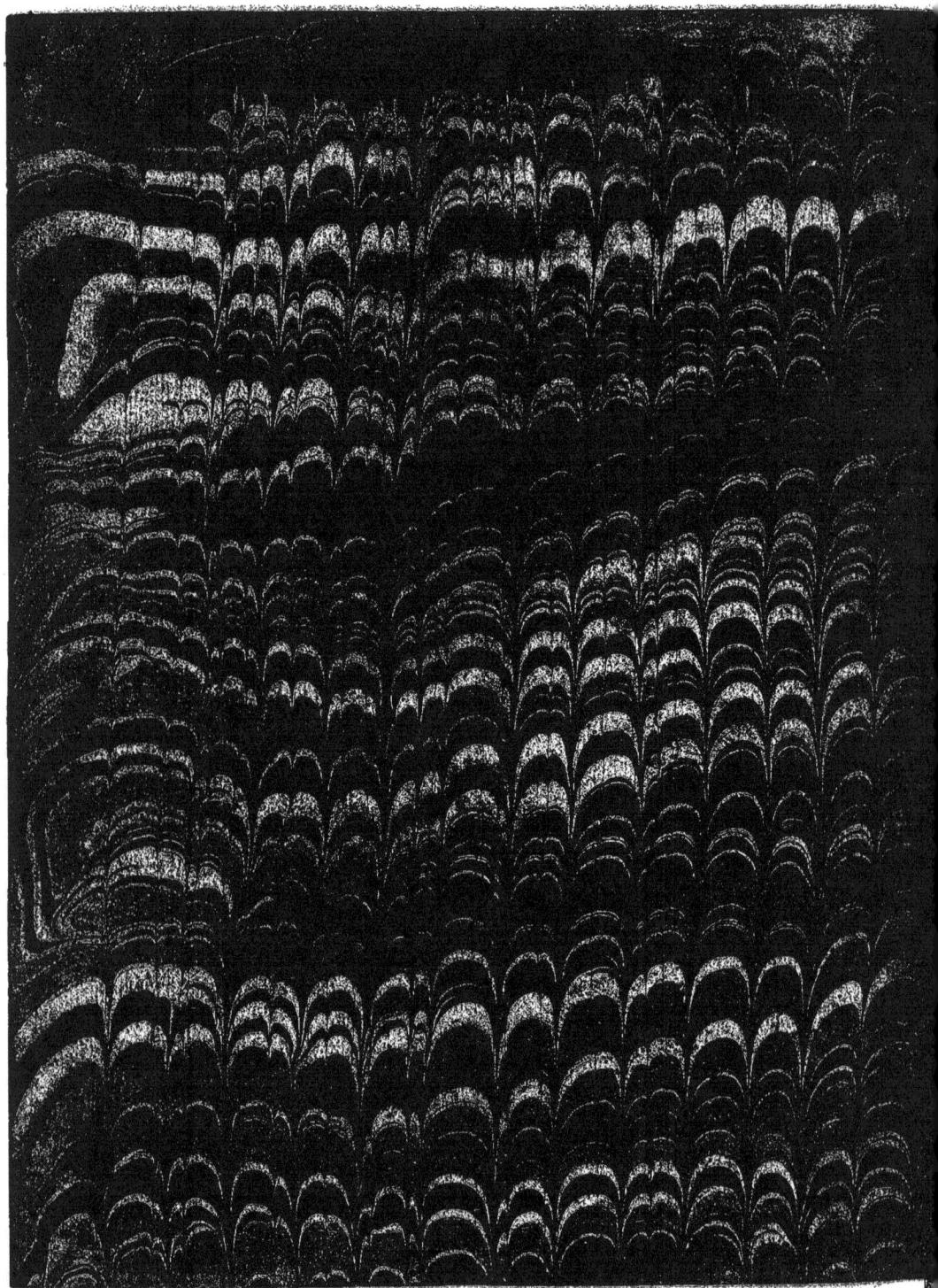